MÉTAMORPHOSE

DES

SOCIÉTÉS POPULAIRES,

OU LE SEUL MOYEN

DE DEVENIR LIBRES;

Dialogue entre ZEDE et I.

MÉTAMORPHOSE

DES

SOCIÉTÉS POPULAIRES,

OU LE SEUL MOYEN

DE DEVENIR LIBRES;

Dialogue entre Z E D E et I.

Z E D E . Tu as l'air bien triste ce soir.

I. Je le suis beaucoup. Tu es donc bien content, toi ?

Z. Si je ne suis pas content, au moins je ne suis ni sombre ni soucieux.

I. Tu es heureux de prendre ainsi ton parti. J'avoue que tout ce que je vois me rend si triste, que ton air calme et serein, bien loin de me rassurer, m'étonne autant qu'il m'afflige.

Z. Que vois-tu donc de si triste ?

I. Comment ce que je vois ? que la sotise

A 2

des uns et l'ambition des autres perdront mon pays.

Z. Mais, mon ami, il n'y a pas de remède à cela : tu te chagrines en pure perte. L'ambition est une maladie incurable chez les hommes, dont la tristesse et les réflexions ne les corrigeront pas : ainsi, je crois que le meilleur parti qu'on puisse prendre, est de ne se mêler de rien, d'observer en silence, et d'attendre les évènemens, sans nous affliger d'un avenir qui nous est inconnu ; oublier le passé, supporter le présent comme nous pourrons, et laisser le tout à nos neveux, qui le retrouveront dans l'histoire.

I. Je t'avoue que ce ton léger s'accorde bien mal avec la profonde douleur que me fait éprouver l'idée des maux dont ma patrie est menacée ; sur-tout convaincu, comme je le suis, qu'il est peut-être encore tems de les lui éviter.

Z. Ceci mérite quelqu'attention ; et je serois fort curieux de savoir comment tu t'y prendrois pour faire mieux que tout ce qui a été fait jusqu'à présent pour rendre les peuples heureux et libres, et que tu pûs me démontrer que l'effet en a été retardé par d'autres causes que par les obstacles qu'ont opposés constamment les ennemis de la révolution ; et si ceux qui nous ont conduits n'ont pas fait tout ce qu'ils pouvoient et devoient faire.

I. Je n'accuse personne ; mais je demande si on n'a pas fait des fautes d'omissions, si rien n'a été oublié; si on a dit au peuple tout ce qu'on devoit lui dire; si on lui a donné, d'une manière claire et positive, les moyens de sentir ce que c'étoit que la liberté et l'égalité, et, à quelle condition l'une et l'autre pouvoient s'acquérir et se conserver? Dans mon opinion, je ne le crois pas.

Z. Je ne suis point du tout de ton avis; et je pense que si le peuple n'est pas plus heureux, qu'il ne peut s'en prendre qu'à lui: pourquoi ne s'instruit-il pas davantage, pour se mettre en garde contre ceux qni l'agitent? c'est sa faute: on le mène comme on veut; c'est toujours celui qui lui parle le dernier qui a raison; et, semblable au corbeau, aux premières louanges qu'on lui donne, il ouvre un large bec, et laisse tomber son fromage. Ma foi, tant pis pour lui: il est trop difficile de servir un maître qui ne juge jamais de ce qu'on fait pour lui, que par l'évènement, sans interpréter les motifs.

I. Quelque sévère que soit ce jugement, il me donne tant d'avantage sur toi, pour la cause que je veux défendre, que je parie tout ce que tu voudras, que nous ne nous quitterons pas ce soir sans être du même avis, pour peu que tu veuilles me prêter quelqu'attention.

Z. Je ne parie pas; mais je suis curieux de savoir comment tu sortiras de là:

parles ; je te promets la plus grande attention.

I. He ! bien , puisque tu me promets d'être attentif , je te dirai que la révolution seroit beaucoup plus avancée ; qu'elle nous auroit laissé bien moins de regrets , bien moins de larmes à répandre , si les sociétés populaires ne s'étoient attachées qu'à former l'esprit public , en se bornant à instruire le peuple sur ses droits. Pour cela , elles n'avoient pas de grands frais à faire ; il leur auroit suffi de consacrer leurs séances à des leçons de droit naturel , civil , politique et de morale , dans lesquelles nous aurions appris ce que c'est qu'un gouvernement libre , qui a l'égalité pour base ; aussi à distinguer la liberté naturelle d'avec la liberté politique , ce qui nous auroit appris à en déterminer nous même les limites , et à les fixer. Aucun de nous n'auroit pu ignorer qu'un gouvernement libre , en assurant au peuple le droit de nommer ceux qui doivent le représenter dans les fonctions qu'il ne peut exercer lui-même , lui conserve aussi le droit de révoquer les prévaricateurs qui l'auroient trompé , et les ambitieux qui voudroient l'asservir.

Z. Cela ne laisseroit pas que de faire un joli charivari , qu'un gouvernement où le peuple pourroit parler aussi haut que ces magistrats.

I. Oui , chez les Topinambours , où tout

le monde parle à la fois ; mais non chez
un peuple qui possède aussi bien le ta-
lent de se taire que celui de parler à
propos. Mais ne nous écartons pas de
notre sujet : revenons aux sociétés populaires, et disons que leur devoir étoit de
nous démontrer qu'une république ne
peut s'établir sans le mépris des richesses,
des distinctions et du luxe qui les repré-
sente ; et, pour inspirer la confiance, si
nécessaire au succès des grandes entrepri-
ses, de joindre à ce précepte, l'exemple
d'une vie frugale et d'une conduite aus-
tère.

Elles auroient dû nous aprendre l'art
de connoître ceux à qui nous pouvions
confier le dépôt sacré de la liberté et de
l'égalité, en nous disant qu'un homme
immoral, quels que soient ses talents,
est toujours dangereux pour cette hono-
rable mission ; et que les seuls dignes
de la remplir, sont les hommes sensibles,
qui ne peuvent être heureux que par le
bonheur de leurs semblables ; qui joignent
à des mœurs irréprochables, un désintéressement sans bornes : cette connoissance nous auroit conduit naturellement
à sentir que celui qui est à l'aise par-
tout, qui prend le premier la parole, que
rien ne peut interrompre ni intimider ;
qui fait trophée de son amour pour l'indépendance, et qui dit pour le prouver,
qu'il a toujours aimé la liberté ; qu'il

étoit révolté au seul mot de servitude ;
qu'il n'a jamais voulu subir aucun joug
ni ramper sous personne, n'est souvent
qu'un orgueilleux, un tyran, qui sans
doute aime la liberté , mais pour lui ;
et qui, pour se la conserver exclusive-
ment, enchaîneroit volontiers le genre-hu-
main ; enfin, c'est celui que Téophraste
appelle un impudent, et que notre sotte
crédulité nous fait regarder comme un
libérateur, tandis que nous négligeons
et regardons avec mépris et pitié l'homme
modeste, qui n'a d'autre défaut que la
crainte exagérée de ne pas faire assez
bien ; mais qui a toujours écouté, médité
en silence ; qui ne l'interrompt jamais
que pour offrir ou appuyer des choses
utiles au bien général, ce qu'il fait avec
autant de candeur que de bonne foi ; et,
quel que soit le dommage qu'il doive en
recevoir, qui les discute avec autant
de chaleur que de clarté pour en faire
sentir tous les avantages ?

Elles nous auroient dit, que si les om-
bres du mystère et de la politique, dont
les principales autorités sont quelquefois
obligées de couvrir leurs opérations, nous
donnoient des inquiétudes, telles qu'elles
fissent craindre pour la liberté, que dans
ces cas-là, ce ne doit être ni le tumulte
ni la confusion qui doit régner, mais
l'unité et l'ensemble des opinions, et le
calme majestueux d'un peuple qui sent

sa dignité, sa force, et qui préfère les
biens réels et présens de la liberté à tous
ceux que la politique pourroit lui pro-
mettre; mais qui lui sont inconnus.

En nous faisant ainsi connoître nos
droits, elles auroient ajouté que, pour
en bien user, et savoir se mettre en garde
contre ceux qui donneroient volontiers
ce conseil, mais à contre tems, et avec
l'intention d'amener le désordre, il
est indispensable que chaque membre de
la société ait au moins les premiers élémens des connoissances qui constituent
l'ordre social; et que, sans cette connoissance préliminaire, et fondamentale,
l'orateur disposera toujours à son gré de
la multitude, et conservera sur elle l'avantage que les hommes instruits ont sur
ceux qui ne le sont pas. Elles auroient
donc fortement appuyé sur ce principe,
que la tyrannie ne peut fonder son sys-
tême et ses espérances que sur l'ignorance;
et elles en auroient tiré cette conséquence
bien juste, que la liberté et l'égalité ne
pourront s'établir solidement que par la
confiance, et que cette confiance ne peut
être que le produit des connoissances
universellement et également répandues
chez tous les hommes.

Elles nous auroient dit aussi que le sys-
tême des finances sous un gouvernement
libre doit y être si simple et si lucide que
personne ne puisse former un doute sur

la véracité et l'exactitude du tableau de recette et de dépense dont la publicité ne peut être refusée au peuple sous aucun prétexte.

Certes on ne peut pas dire de bonne foi que cela soit impossible ; car les revenus d'un état, ne consistant que dans le produit des contributions, il est aisé d'en rendre public les résultats, et de les comparer avec la dépense.

La politique n'ayant que faire là, le mystère et l'obscurité seroient fort suspects : cette idée simple doit être la leçon des peuples et de ses mandataires.

Elles se seroient attachées à nous apprendre que les hommes, ne pouvant vivre que des productions de la terre ; que chacun ayant droit à leur répartition, que le propriétaire en fonds de terre ne peut en être considéré que comme dépositaire ; et qu'un recensement général de toutes les récoltes devroit faire partie du droit des peuples, comme celui d'en fixer les valeurs chaque année, en proportion de leur rareté ou de leur abondance.

Z. Tu prends de l'humeur bien mal-à-propos ; car tout ce que tu demandes-là est fait ; et, encore une fois, suis les sociétés populaires, lis les journaux, et tu verras si tout ce que tu demandes n'est pas prévu, et s'il est possible de dire, redire et répéter plus souvent, soyons

égaux , soyons libres , poursuivons la tyrannie par-tout , n'importe sous quelle
forme elle se présente.

On ajoute encore (je te le ferai voir
si tu en doutes) , que, pour aimer et sentir
ce que c'est que la liberté et l'égalité,
qu'il faut s'instruire. Eh ! bien , on a
beau crier, corner cela du matin au soir,
c'est comme si on parloit à des sourds :
ce sont les gens d'Athènes qui se laissent
compter peau d'âne quand Philippe est à
leur porte. Que veux-tu faire d'un peuple
qui , lorsqu'on met la terreur à l'ordre
du jour, et qu'on surprend au sénat le
décret du 22 Prairial, qui ôte à l'accusé
le droit de se défendre, et ne lui laisse
que celui de dire son nom avant d'aller
à l'échafaud, se borne à des complimens,
des félicitations , plutôt que de se lever
en masse, sans troubles , sans agitations,
pour aller dire à ses représentans : légis-
lateurs , on vous trompe : le décret que
vous venez de rendre , en jetant par-tout
l'épouvante, vous aliénera tous les esprits
sans corriger personne , et sans aucun
profit pour la chose publique ; car celui
qui aime sa patrie, comprimé par la
crainte , sera plus circonspect et plus ti-
mide pour la servir ; et ceux qui ne l'ai-
ment point , dont vous allez décupler le
nombre, n'en deviendront que plus dis-
simulés , plus adroits , mais non moins
ardens et dangereux pour la trahir. Ainsi,

au nom du bien public, nous vous de-
mandons le rapport d'un décret qui doit
couvrir d'un voile funèbre toute la République : mais, en vous le demandant,
nous ne prétendons pas soustraire les
coupables au supplice ; seulement nous
invoquons la justice éternelle, pour que
le glaive national ne soit jamais teint du
sang des innocens.

Quand un peuple en est là, et qu'il
ne sent pas que, quelque soit la liberté
que lui assure sa constitution, qu'elle
devient nulle, si ses loix criminelles ne
lui en garantissent l'usage ; et qu'on voit
par ses applaudissemens et son enthou-
siasme, que, non seulement il ignore
les premiers élémens de la liberté, mais
même qu'il seroit dangereux de l'éclairer,
parce que la tourbe des intrigans est là
pour l'agiter ; on s'enveloppe la tête de
son manteau, on se retire en silence, et
on attend, avec résignation, le dénouement.

I. Moins tranquille que toi, sur les maux
de mon pays, ce dénouement se présente
à mon imagination sous un aspect si ef-
frayant, pour la liberté, que l'éclat même
de nos victoires ne me rassure pas. La
bravoure, l'héroïsme sont si naturelles à
ce peuple intrépide et généreux, qu'il n'y
a point de dangers ni d'obstacles qu'il ne
surmonte ; mais, qui nous assurera que
quand il se sera couvert de gloire au de-hors,

qu'il n'aura pas, dans l'intérieur, une guerre morale à soutenir, bien plus difficile que la première : peu exercé à la tactique embrouillée et ténébreuse des ennemis qu'il aura à combattre, n'est-il pas à craindre qu'il n'y succombe ? c'est donc à cette lute périlleuse qu'il faudroit l'accoutumer. Mais comme ce n'est point en disant à des hommes faits, et dont les habitudes sont prises, soyez moins crédules, lisez, veillez, instruisez-vous, méfiez-vous des orateurs, apprenez à juger par vous même, de tout ce qui se fait et de tout ce qu'on propose, qu'ils le feront et qu'ils surmonteront la répugnance et le degoût que donnent l'étude et la méditation, quand on y est peu exercé; il faut donc employer un moyen dont l'objet soit l'instruction publique, et finir enfin la révolution par où elle auroit du commencer ; c'est-à-dire, en nous applanissant de bonne foi toutes les difficultés, en nous évitant la tâche laborieuse de compulser les livres qui contiennent bien tout ce qu'il nous est utile de savoir ; mais qui exigeroit une recherche pénible, quelquefois infructueuse, une dépense à laquelle tous ne pourroient pas suffir, et sur-tout un tems précieux que nous devons réparer. Les apôtres de la liberté doivent donc nous donner des livres élémentaires ; ou s'ils trouvent cela trop difficile, et trop long,

se charger pour nous d'extraire, des meilleurs ouvrages qui existent sur la science
politique et morale des gouvernemens,
les passages les plus propres à nous donner
cette connoissance : laquelle en nous ins-
pirant toute l'horreur qu'on peut conce-
voir de la tyrannie et de l'esclavage,
nous feroit aussi connoître les écueils que
nous avons à craindre pour y retourner,
et le moyen de les éviter.

Pour cela il faut que chaque membre
de la société sente bien que, puisqu'il a
le droit de délibérer sur les affaires publiques, qu'il est de son devoir de se
mettre en état de répondre à toutes les
questions qui intéressent l'ordre social ;
pour les discuter, les développer avec calme,
et pouvoir repouser avec de bonnes rai-
sons les sophismes, et les propositions
insidieuses des orateurs, aussi hardis
qu'éloquens devant les hommes foibles,
(dont le nombre ne les effraye jamais)
qu'ils sont timides et circonspects devant
ceux qu'ils connoissent pour être instruits
à fond sur la matière qu'ils vont traiter.

C'est à cette élevation que l'homme sen-
tira tout ce qu'il est, et que son amour
pour l'indépendance, et la liberté ne sera
plus un déréglement de son imagination,
une fièvre ardente, un délire, occasion-
nés par les remèdes violens qu'on lui
donne, mais un sentiment calme et pro-
fond de sa dignité, qui ne lui permet

de connoître de supérieur à lui que la raison, et les loix qu'il aura consenti. C'est alors, aussi, qu'il ne peut plus y avoir de parti, puisque l'expression de la volonté générale n'est plus l'ouvrage des ambitieux ni des orateurs ; mais le produit des connoissances d'un grand peuple, lequel parvenu au plus haut degré de la maturité et des connoissances, peut opposer à l'ambition des partis, un faisceau d'opinion, d'autant plus invincible qu'il l'a formé, et épuré lui même. Aussi tu vois que le premier bienfait d'une instruction publique, générale, et uniforme sur-tout, seroit de détruire tous les partis ; car il ne peut y en avoir plusieurs où il n'y a qu'une opinion.

Z. Avant de répondre à tout ce que je viens d'entendre, j'ai une question à te faire. Dis-moi je t'en pri, (si sans parler des hommes célèbres de l'antiquité qui ont écrit sur la morale, la politique des gouvernemens, et le droit des peuples), tu crois qu'il soit possible de traiter mieux ces matières qu'elles ne l'ont été par les Montesquieu, Helvétius, J-J Rousseau, Bossuet, Fénélon, Massillon ? tout ce qui est sorti de ces plumes-là ne porte-t-il pas la céleste empreinte de la vérité et du bonheur pour l'homme vivant en société ?

I. Cela ne peut pas faire l'objet d'une question.

Z. He bien ! qu'est-il resulté de tous ces chefs-d'œuvres. Du mal pour l'humanité ?

I. Du mal ! ce mot est un blasphême.

Z. Ne te pasionne pas , je t'ai laissé parler, je t'en prie., ne m'interromps pas. Oui ; du mal , et je le prouve, en disant que les vérités contenues dans ces ouvrages., ont effrayé les méchans qui les ont rejetées., et ont donné à l'homme sensible, qui prend à la lettre tout ce qui est bien , le desir de devenir encore meilleur , ce qui l'a rendu très-malheureux ; car, il est peu de supplice égal à celui que doit éprouver un homme disposé à tout sacrifier pour le bonheur de ses semblables , de n'être entouré que d'insoucians, d'égoïstes , d'avares et de fripons , qui traitent de folie , de bétise, d'affectations, son désintéressement, sa sensibilité ; et ce qui rend encore cet état plus fâcheux , plus pénible , c'est de voir les hommes foibles et ignorans (qu'on ne peut que plaindre , tant il seroit cruel de les mépriser) , applaudir à l'ironie des mauvais plaisans qui les trompent et les abusent ; si tu conviens avec moi que cette position soit l'une des plus fâcheuses de toutes celles où l'homme puisse se trouver , tu seras aussi forcé de convenir que ces sublimes conceptions , n'ayant servi qu'à rendre l'homme sensible plus malheureux, sans rendre les méchans meilleurs, que nous

ne devons pas former de vœux pour que
la nature épuisée des efforts qu'elle a faits
pour produire ces phénomènes en fasse
de nouveaux, quant à nous qui sommes pénétrés de leurs sublimes leçons, et qui ne
pouvons pas plus en perdre le souvenir,
que le desir de faire le bien , mettons
notre bonheur et notre consolation à le
pratiquer, sans nous affliger, ni en vou-
loir à ceux qui ne suivront pas cet
exemple.

I. De sorte qu'en dernière analyse, tu
n'attribues le mal que ces ouvrages ont pu
faire qu'à la corruption du siècle, et à
la mauvaise éducatiou qui nous ôte tout
à la fois la faculté de les apprécier, et
la volonté de les méditer; voilà dequoi
tu conviens ?

Z. Je me ferois un cas de conscience de
te refuser cela, et j'ajoute de bien bon
cœur que je les regarde comme la source
dans laquelle on peut puiser toutes les
connoissances utiles aux hommes réunis
en société ; je me flatte même que, dans
tout ce que j'ai dit , rien ne peut offrir
un doute sur ma profession de foi à cet
égard.

I. Eh! bien, ce que j'ai prévu va ar-
river : nous allons tout-à-l'heure être d'accord, puisque tu conviens que ces utiles
productions contiennent toute la science
du bonheur et de l'ordre social, que ceux
qui s'en sont bien pénétrés ne sont de-

venus malheureux, que parce que cette
lecture les a rendus trop gens de bien, et
que les égoïstes et les frippons, allarmés
des conséquences que cela pouvoit avoir
pour eux, ont tout mis en usage pour en
détruire l'effet ; tu ne peux nier que le
seul remède à cela ne soit de faire en
sorte que le nombre des intrigans diminue,
er que celui des honnêtes-gens augmente
en telle proportion, que la balance puisse
sans effort pancher de leur côté. Je ne
vois, pour opérer cet effet salutaire, de
moyen plus prompt que de nous donner
des livres élémentaires, d'un style simple,
à la portée de tout le monde, et approuvés
par le gout et par la raison ; ou, si on
trouve cela trop long et trop difficile, se
hâter de puiser dans les excellens ouvrages dont nous venons de parler, tous
les passages applicables aux circonstances
dans lesquelles nous nous trouvons, en
faire des extraits, en former des cahiers,
commençant par le droit naturel et in-
clusivement par ordre de matières, tous
ceux qui sont nécessaires pour former une
société d'hommes libres et égaux.

Ces cahiers faits, pour éviter la confusion dans les idées, et établir une méthode sûre pour étudier, il seroit utile
de ne les distribuer que les uns apres les
autres ; et, quand on seroit assuré qu'on
est assez instruit sur une matière avant
de passer à une autre.

Je ne dirai pas qu'il est de la munificence d'une nation que ses livres soient distribués *gratis* à tous les chefs de famille au moins, ni que les instituteurs ou professeurs, qui nous serviroient de guides dans ce nouveau genre d'étude, fussent bénévoles ou salariés par elle; car je le regarde comme un devoir, et j'ajoute que je ne croirai à la sincérité des offres d'égalité et de liberté, qui nous sont faites par les sociétés populaires, que quand, d'accord, et sous les auspices des autorités constituées, elles seront devenues autant de lycés ou d'écoles primaires, où, moi et mes concitoyens, pourrons aller nous instruire méthodiquement et profondément sur les vérités éternelles qui doivent servir de bases à une constitution libre; et qu'elles ne s'attacheront plus qu'à nous faire bien sentir que, si le droit de délibérer sur les affaires publiques, pour rejeter ou consentir les loix, est l'exercice de la souveraineté dans toute sa plénitude; qu'il faut, pour en user avec fruit, qu'un peuple s'assure, par la sagesse et la maturité de ses délibérations, qu'il ne doit ses décisions qu'à l'étendue et la solidité de ses connoissances, et non à la logique toujours trompeuse des orateurs, dont nous ne pourrons nous défaire que quand, aussi habiles qu'eux (mais de meilleure foi), nous pourrons établir, défendre et prouver des vérités avec autant de clarté et de méthode qu'ils en ont pour nous présenter le mensonge et l'erreur.

Z. M'y voilà; tout ce que tu demandes, se borne à obtenir une instruction publique, aussi simple qu'uniforme, ordre, clarté, simplicité dans les finances, comptes exacts rendus par ceux qui les administrent, sûreté non interrompue et toujours connue du peuple, pour ses subsistances, un code criminel, qui soit l'effroi des méchans, et l'asyle de l'innocence persécutée.

Ainsi, nous voilà d'accord sur les principes, je reconnois avec toi ces vérités comme les premières bases d'une constitution libre, plus de difficulté là dessus, mais, je ne reviendrai pas aussi facilement sur la crainte que j'ai (et qui me paroit très-fondée), que les vices enracinés de notre éducation ne fassent tout échouer. Cependant je n'en souhaite pas moins qu'on essaie de cette correction salutaire, qui doit être l'effroi des ambitieux, et je desire, plus que je ne l'espère qu'elle produise l'effet que tu en attends, et qu'elle puisse démentir l'expérience de tant de siècles qui jusqu'à présent en ont demontré sinon l'inpossibilité, au moins la très-grande difficulté.

I. Hé bien ! mon ami, je ne désespère encore de rien ; car, je pense qu'il ne faut peut-être, pour opérer cette heureuse révolution dans les esprits, qu'un homme juste et suffisanment éclairé, pour persuader à sa société ou à sa section, que l'ambition et l'intérêt, étant les deux causes mortelles qui tuent la liberté et l'égalité, que c'est cette maladie de l'âme à laquelle notre igorance a laissé faire tant de progrès, qu'il faut s'attacher à détruire.

Les simptômes une fois connus, nous pourrions au moins nous garantir de sa contagion, en évitant et éloignant de nous ceux qui en sont attaqués. Je trouve la définition que Massillon en donne bien propre à nous donner cette connoissance ; écoute-le ; c'est lui qui va parler ?

« Il définit l'ambition comme un desir
» insatiable de s'élever au-dessus des
» autres, même sur leur ruines, la faveur
» est insuportable à l'ambitieux dès qu'il
» faut qu'il l'a partage avec des concur-
» rens, l'ambitieux n'a rien de fixe,
» d'assuré ni de grand dans sa conduite,
» sans principes, sans maximes, sans sen-
» timens, il se plie sans cesse augré des
» passions d'autrui, un ambitieux enfin
» ne connoit de loix, que celles qui le
» favorise, il considère le crime qui
» l'élève, comme une vertu ; ami infidel,
» l'amitié n'est rien pour lui dès qu'elle
» intéresse sa fortune ; mauvais citoyen,
» la vérité ne lui paroit estimable qu'au-
» tant qu'elle lui est utile ; l'homme de
» mérite qui entre en concurrence av

» lui est un ennemi, auquel il ne par-
» donnera point. L'intérêt public cède
» toujours à son intérêt propre, il éloigne
» des sujets capables, et en substitue qui
» lui sont dévoués, il sacrifie à ses jalou-
» sies le salut de l'état, il verroit avec
» moins de regrets les affaires publiques
» périr dans ses mains, que sauvées par
» les soins et les lumières d'un autre, et
» comme étranger aux calamités dont il
» est cause, les larmes et le sang des
» peuples peuvent couler sans qu'il en
» soit ému ». Cette peinture aussi ef-
frayante qu'elle est vraie n'atteste-t-elle pas
en faveur de mon opinion que tout ce
qui peut être propre à notre révolution,
et relatif aux circonstances dans lesquelles
nous nous trouvons, est contenu dans ces
excellens ouvrages, si ceux qui les connoissent sont de bonne-foi, ils en convien-
dront, et renonçant à la vaine prétention
de faire mieux ils se réuniront pour
demander que tout ce qui nous est utile
en soit extrait, mis à la portée de tout le
monde, pour former un cours complet et
suivi d'instruction publique, afin de répandre si également la lumière, que personne ne soit blessé de son éclat ; mais que
tous, suffisamment éclairés, puissent lire
aisément dans le livre de la vérité, que
l'inégalité dont nous nous plaignons ne
peut se détruire que par le développement
de nos facultés intellectuelles, et quand

notre jugement, perfectionné par l'éducation, nous mettra à même d'adopter nos
loix, non aveuglément, ni par crainte,
mais, par discernement et par choix.

Z. Le vœu que tu formes est celui d'un
bon citoyen, puisse-t-il s'accomplir ! et
le peuple sentir que ses bras et son cou-
rage peuvent bien repousser les ennemis du
dehors ; mais que l'usage seul de sa raison
peut le délivrer de ceux qui conspirent
dans l'intérieur contre sa liberté.

Signé, NADERVE.

www.ingramcontent.com/pod-product-compliance
Lightning Source LLC
Chambersburg PA
CBHW051400050726
47595CB00006B/2640